JN410515

차우차우

김진기 시집

문학의전당 시인선
139

차우차우

김진기 시집

문학의전당

시인의 말

내 시는
젊은 미완성 화폭이다.
내 그림 속엔
고향의 아름다운 산과 들
그리고 맑은 개울이 흐른다.
나는 이슥하도록
첨벙거리다 돌아온다.
지난날은 갈수록 또렷하다.
다시 돌아가고 싶은
내 철부지의 순간들

2012년 11월
김진기

차례

제2부

제3부

제4부

제1부

어린 굴비

식당에서 뚝배기청국장을 시켰는데
어린 굴비가 따라나왔다

눈자위가 촉촉하다
채 눈물도 마르지 않았다

대가리와 껍질 속살까지
조각조각 찢어져 접시 위에 오른 어린 굴비가
나를 빤히 쳐다본다

내키지 않는 식욕과 연민 사이에서
젓가락이 가늘게 떤다

내 손은 자꾸 너를 비껴만 간다

빈손

오랜만에 동네 목욕탕에서
때를 밀다가 낯선 내 손을 보았다
손등의 잔물결 같은 주름과 굳은 손바닥이
내 걸어온 길 낱낱이 기록해 놓았다
손이 할 일을 다 못한 사이
마음보다 세월이 먼저 갔다
맵찬 바람결에 나는 내 손을 보지 못했다
손뼉을 탁탁, 쳐 보았다
새삼스럽게 저희끼리 반갑다고 박장대소다
왼손이 하는 일을 오른손이 몰랐으니
빈손이었던가
고개를 들어보니 발가벗은 사내들마다
달랑 고거 하나만 달렸다
가진 게 없어도 고거만큼은 다들 혈색이 좋다
벗겨놓으면 모두가 평등하다
더 잃을 것도 지킬 것도 없으니
겹겹이 문 닫아걸고 낯선 발자국 소리에
가슴 졸이지 않아도 되겠다

추간판탈출증

하늘에서 내려온 밧줄이 내 목을 건다
순간 거역할 수 없는 힘에
움츠렸던 목이 쭉, 늘어난다

이승과 저승이
눈 깜짝할 거리에 있다

경추추간판탈출증*

천사가 내 목의 밧줄을 당긴다
순순히 목을 내어주어야만
천상을 볼 수 있다

S병원 물리치료실
천상에 오르려는 승객들이
밧줄에 목을 걸고
안간힘을 쓴다

---

* 목디스크, 경추 견인 치료기를 이용, 목을 당기는 물리치료법

나목들의 도시

백화점엔 냉동에서 풀려난 많은 관절들이
삐걱거리며 돌아다닌다
판매사원처럼 서점 책꽂이 아래위를 오르내리며
화폐 세듯 책장을 넘긴다
머리가 핑, 돈다
바닥이 난 체력, 내 외로움이 너무 깊었다
3층 셀프도 허기진 의자들이 차지했다
젊은 커플이 하는 대로
푸드 코너에서 어묵 하나를 베어 먹으며
낯선 이들에게 무작위로 손을 흔든다
누군가 〈여호와 그는 누구인가〉 책자를 쥐어준다
저이는 언제부터 내 외로움을 엿보고 있었을까
그에겐 분명 내가 보일 것이다
비로소 나는 내가 반갑다
휴일, 사람의 범람이 오히려 위로가 된다
얼굴 까무잡잡한 외국인 노동자 서넛
공중화장실 옆에서 독한 연기를 피우고 있다
고향, 그리고 보고 싶은 사람

나도 그들 옆에서 담배에 불을 당긴다
요긴한 사람을 기다리는 척
시선은 바삐 가는 발걸음을 따라나섰다가 돌아온다
월말부부, 귀가 날은 아직 멀었다
언제나 기다리는 버스는 오지 않는다

복병이 산다

지난봄
기상 캐스터의 눈비 올 확률 5%를 무시하고
고추모종의 비닐덮개를 벗겼다가
5% 게릴라 기습에
고추모종들만 뎅강뎅강 목이 잘려
농사를 망친 아낙들

마을회관 앞
나들이에 들뜬 아낙들이 장대비에 길이 막혔다
비 올 확률 5%라더니-
기상청의 오보에 쌍욕을 내뱉으며
집을 향해 되돌아간다
나들이 가방만 맥없이 비에 젖는다

모든 경계엔 5%가 산다

그렇게 당하고도 돌아서면 잊는 게
인생이려니

기러기 아빠

양계농가가 자정 뉴스에 실렸다
조류독감의 습격이란다
바로 그때
토론토에서 아내의 전화가 왔다
고국에 번진 인플루엔자를 걱정하는 말 속에
기러기 울음소리가 들렸다

먼 아무르 강을 건너
눈 덮인 툰드라까지
그저 죽을힘을 다해 날았을 뿐인데
기러기는 아내에게
기피 동물이 되어버렸다

잠 못 드는 밤
내 귓속에 잠든 이 누구신가?

탄전지대

오래전 그들은 탄가루로부터 탈출하고 싶었다
석탄가루가 거센 기름띠에 밀려 사라지자
세단은 꿈나무를 모두 베어갔다
돌개바람에 가슴팍을 저격당한 아픔은
남은 자의 몫으로, 밤마다 겨울은 사시나무 같았다
떠나지 못한 광부들은 이국의 거리를 서성인다
돈이 몰리던 지난 시절은 텅 빈 사택과 폐탄전지대라는
문패만 남아 바람에 덜그럭거리고
산중턱 해적선에선 노란 고양이 무리가
멸종을 감지한 터주 두더지를 잡아 종처럼 부리고 있다
긴 꼬리를 감춘 검은 괴물들이 구멍 뚫린 장화,
깨진 헬맷 임자 없는 시신을 물고
내성 높은 마약 환자처럼 밤마다 알 수 없는 비명을
거리에 쏟아내고 있다
이젠 광부들의 땅은 없다 그들은 이국에 버려져 있다
딜러의 희고 가는 손가락이 바람을 불러 모으는 카지노엔
지친 사내들의 눈길이 마시다 흘린 양주처럼
끈적끈적한 체액만 흐르고 있다

진폐증의 친구도 산발한 꿈을 접고 기어이 탄전지대의
검은 재가 되었다

송장놀이
— 환생하기

죽어본 사람은 안다
송장이 얼마나 편한가를

버드내복지관 요가선생은 멀쩡한 사람을 금세 송장으로 만들지
뼈마디가 삐걱거리는 어매나 아배를
엿가락처럼 당기고 배배 틀고 접고 탁탁 두드리다가
송장 자세! 외친다
그녀의 주술은 빈틈이 없는 것이라
아이고, 아이고,
풀썩풀썩 쓰러진다
가쁜 숨 몰아쉬던 실버들
근심이 흐르던 미간엔 천곡이 사라지고
입 언저리를 옭아맨 가는 파뿌리 긴장을 푼다
며느리 눈칫밥
쥐꼬리만 한 노령연금이 슬금슬금 눈치를 본다
이젠 그 꼴을 보지 않아도 좋다

젊은 요가 선생이 출석을 부른다
아니, 죽었는데 왜 불러?
이름을 부르자 자기도 모르게 벌떡벌떡, 일어나는 송장들

어르신은 힘이 세다

세탁물 속에서 이천 원이 나왔다
윗도리 주머니에 넣어두고 잊었던 지폐 두 장
구겨졌지만 멀쩡하다

세탁기를 돌리고 나면 가끔 주머니에서
뭉친 휴지나 지폐가 나온다
형체를 알아볼 수 없이 젖은 종이는
메모지나 영수증으로 추측될 뿐
내용을 알 수가 없다

하지만 지폐는 힘이 세다
흔들고 쥐어짜고 두드리고
거친 소용돌이를 헤쳐 나오고도
또렷한 일련번호, 선연한 은박 수직선
수염 한 올 다치지 않는다
툭툭 털고 일어서는 저 올곧은 뼈대라니,

나보다 힘이 센 어른 앞에 서면

왠지 무릎을 꿇고 싶다
등을 구부리고 돈을 만져본다
서슬이 퍼렇다

어르신 두 장을 공손하게 지갑에 모신다

담석(膽石)과 겨루다

곤히 잠든 사이 어느 별이 씨앗 몇 개 내 몸속에 심어 놓았다 어딘가로 흘러가야 할 별이 몸 깊숙이 터를 잡고 빛을 발한다 온몸의 통증이 불을 밝힌다 어느 갈피에 꼭꼭 숨었나 어서 빨리 불을 꺼뜨려 몸 밖으로 꺼내야 하는데, 의사마저 명도(明度)를 읽어내지 못한다

왜 나를 표적으로 삼았을까 아무 죄목도 없이 해를 넘기도록 인질로 삼고 밤이면 불의 강도를 높인다 내 언제 고행을 자청한 적이 있는가? 거리에 나서면 몸이 자꾸 한쪽으로 기운다 공손히 받쳐 들고 조심조심 걸으라는 것인가 여전히 별은 몸보다 단단하다 홀로 싸우는 막막한 전쟁, 동편 하늘의 뿌연 빛이 몸을 열고 들어온다 별은 꺼지지 않는다

그리운 철길
— 강촌행 기차

강촌행 기차를 타본 사람은 안다

철길을 따라 휘어지면 마음이
푸른 문패를 다는 곳
생의 통로에서 어깨 부대끼며 사는 것이
얼마나 정겨운지
심심풀이 땅콩이나 오징어처럼
차창 밖으로 흐르는 풍경을 되새김질하며
통기타 소리에 흘러가던 곳
헐렁한 마음 어깨에 메고 찾아가면
메마른 목젖이 낮은 음표를 달고
촉촉이 흘러가는 기차

누군가 그리운 날은
추억의 강촌행 기차를 탄다

말벌의 잔치

술판에 말벌 한 마리 날아들었다
노란바탕에 검은 줄무늬, 첫눈에도 맹독이 푸르다
철철 넘치는 막걸리
술잔 위를 돌다 사라진다

잠시 후
여러 마리가 날아와 막무가내 달려든다

코를 박고 마시는 놈, 꽁지를 적시는 놈, 향기를 즐기는 놈
뺨을 스치는 저공비행
잔뜩 목을 우겨넣고
우리는 잠자코 말벌들의 음주를 지켜보았다

하긴, 말벌도 취하지 않고는 살 수 없었을 것이다

꽃과 숲을 빼앗기고
살 곳이 없어 도심까지 내려왔으니

어디 제 정신이겠는가

술판은 그대로 두고
조용히 자리를 피해주었다

농수로

마지막 공연 끝낸 야외무대
지난 초봄 파병되어온 이 외롭고 낯선 논바닥에
젖은 몸 내려놓고 살아왔다
밤이면 별과 달 동무하고
한여름 땡볕 물지게 퍼 담아 하늘 길에 져 나르면
발 부르튼 논바닥에 목 축여주었다
개구리 메뚜기 미꾸라지
역한 농약냄새 싫다고 코 움켜잡고 떠나간 후
반갑지 않은 외상 손님처럼 각성바지
태풍 몰려와 여물어가던 머리채 마구 잡아
매닥질하여도
행여 잘 키운 자식 다칠까 봐
대궁 부여잡고 광풍 지나가기만을 빌었다
추수 끝난 허허로운 대지
비닐 가방에 챙겨 담은 원형베일러만 남아
뒷짐 지고 지난날을 회고하는데
내 정든 논고랑
육신 거두어 정든 땅 떠나면

나그네 떠난 사랑방처럼 시들어가는 잡초만이
적막을 먹고 남아 있겠지

겨울 나는 법

가을이 떠나자 그녀도 따라갔다

찢어진 방충망 사이로
불나비와 온갖 날것들이 들어와 소란스럽다
눈부신 형광등 조명 아래
쇼트트랙 선수처럼 원을 그린다
각기 주 종목을 달리다가
더러는 라인을 넘어 전등에 머리를 박기도 했고
구석에 처박혀
산 채로 말라가기도 했다

그러던 어느 날이었다
거미 한 마리가
찢어진 방충망에 그물을 쳐놓았다
그 후 날것들은 내 방을 넘보지 않았다
덕분에 나는 헌 방충망을 갈지 않고
한여름을 보냈다

가을이 떠나자
그녀가 그물을 거두어갔다
나는 방충망을 그냥 두기로 했다
찢어진 가슴으로 그녀를 기다리기로 했다

산 그림자 문 닫으러 온다

대암산 용늪 골짜기
봄날 얼레지를 캐러 가는 사람들을 따라
계곡을 오르다가 그만
물에 빠져 발목이 삐었다
젖은 신발 벗어 놓고
그늘 옆에 돗자리 깔고 누워 잠시 조는 사이
불개미 떼 물밀듯 쳐들어온다
바지 속이 따끔거린다
보리타작 때 파고드는 까끄라기처럼
아랫도리가 금세 부어올랐다
자리를 피해 개미들을 털어낸다
이 그늘에도 주인이 있었나
야윈 엉덩이 한쪽 마음 놓고 내려놓을
땅 한 뙈기 없는 내 빈곤을
개미까지 몰아붙이는 듯하다
해거름 용늪 간 사람들은 기척이 없고
산 그림자 문 닫으러 온다

제2부

투명한 사리

단단하던 내 집
돌풍에 문지기가 떨어져 나갔다
시린 바람이 안방까지 몰려온다
감출 것도 빼앗길 것도 없는 살림이지만
그래도 문지기가 없으니 불안하다

함께 살며
정든다는 것
떠나지 않고 내 기억의 뒤안길을 서성이는
저 서랍 속 부러진 앞니 두 개

나도 모르게 튀어나오는 막말을 걸러주고
분을 삭이지 못해 떠는 입술
지그시 깨물어 달래던 문지기
세상 유들유들한 것들 질긴 것들 딱딱한 것들
가리지 않더니
어느 날 뚝,
육신 공양한 저 투명한 사리

차우차우

사자개 차우차우
긴 갈기를 바람에 빗질하며 서쪽 하늘을 바라본다
칠장사 참배객의 발길이 어스름을 따라 사라지고
스님의 독경 소리 어둠에 몸을 누이면
티베트에서 온 차우차우
몰래 경내를 빠져 나가 칠현산에 오른다
바라보면 멀리 눈 덮인 고향이 보인다
달라이라마가 포탈라 궁을 버리고 망명길에 오른 이후
그는 이곳으로 흘러왔다
호기심 어린 눈들이 발소리 지우면서 다가오면
사람의 속을 들여다보듯
괜찮다 괜찮다 가벼이 꼬리 흔든다
꿈속에서나 만나는 그리운 히말라야 캄파라패스를
이불처럼 두른 라싸 포탈라 궁
누가 구름 위에 백홍의 궁전을 지었나
돌아가는 마니차는 눈빛에 반짝이고 막 피어 올린 향내가
미로 같은 포탈라 경내를 적신다

얼어붙은 티베트 고원을 오체투지, 몇 달을 넘어온 장족이
다리를 질질 끌고 도착할 때마다
차우차우 맨발로 뛰어 나간다
고행을 먹고 사는 것인지
갈라터진 손바닥 무릎에서 흐르는 피, 내세의 제단에 올리면
신은 때때로 길을 비켜 준다
소문은 바람을 타고 먼저 왔는지
칠장사 차우차우가 도착하기 무섭게 라싸 차우차우들이 몰려나온다
부여잡고 얼굴 부비는 뭉클한 안부가 골목에 흥건하다

주상절리대(柱狀節理帶)*

서생은 밤마다 푸른 종이에 글을 쓴다
난해한 저 글
그 뜻을 알 수가 없다
파도를 끌어다 틀린 문장을 지운다
쓰다 지워진 글씨가 해안에 수북하다
연필을 곧추 잡고 다가앉아
필생의 문장을 완성하고야 말겠다는 푸른 서생,
필압에 북북, 찢어지는 종이
연필 때문이야
쓰다만 연필을 해안으로 휙, 집어 던진다
날아간 뾰족한 연필심이 바위에 꽂힌다
해안에 연필울타리가 생겼다
저 육모꼴의 연필들 낯이 익다
거친 공책에 침을 발라가면서 꾹꾹 눌러쓰던,
심이 부러질까 봐 마음 조이던 어릴 적
에베레스트 백두산 무궁화 동아연필
검푸른 쑥색의 몽당 육모꼴들은
바다와 땅의 경계에서서 지나온 날을 뒤돌아본다

누대를 거친 저 신필의 도구도
비바람에 깎인 몽당의 세월이 부끄러운 듯
안개에 얼굴을 가린다
입 무거운 바다 서생
필생의 이야기를 완성하기 위해 다시 연필 한 자루를 뽑아든다

---

* 마그마가 응고함에 따라 부피가 수축하여 생기는 육각형 연필모양의 기암괴석 군락지. 여기서는 서귀포 해안일대 것을 대상으로 하였다.

삼월에 내리는 눈

차우차우* 만나기로 한 날
삼월의 미간에 눈이 내린다
경칩 개구리가 나왔다가 눈길에 미끄러진다
마음 졸이던 어제의 빗발이
밤이 되자 흰옷으로 갈아입는다
남녘, 어린 꽃잎이
혀로 바람의 간을 보며 북상을 서두르다가
쏟아지는 눈꽃에 입술이 파랗게 질린다
겨울이 나프탈렌 향기를 두르고
장롱에 몸 누일 무렵
잔설이 오지랖 펄럭이며 가던 길을 되돌아온다
하늘이 하얗게 내려앉는다
한계령 봉우리는 폭설에 허리까지 내준다
하릴없는 촌부들이 모여 앉아
미운 놈 싸대기 때리듯
힘껏 화투를 치는 밤
한계령은 제 한계를 모르고
부산으로 내려가더니 껑충, 제주까지 건너뛴다

메고 간 옥양목 열 필을 다 썼다
눈은 밤낮으로 내린다
오늘 칠장사 차우차우 눈 빠지게 기다리겠다

* 안성 칠장사에 있는 사자개 차우차우를 만나러 가기로 한 날, 때 아닌 폭설이 내려가지 못했다. 개는 눈 빠지게 기다릴 것이다.

진흙 쿠키

늘어나는 뱃살이 러닝머신 위를 출렁이는데
TV에서 다큐스페셜이 한창이다
카리브 해 섬나라 아이티
그림 같은 해안을 배경으로
검은 아이들이 무엇인가 먹고 있다
진흙을 물에 개어
소금과 마가린을 조금 넣어 반죽한 진흙 쿠키
이마저도 돈 없는 아이들은 구경만 한다
다이어트 식품도
한번쯤 시식해볼 만한 별미도 아닌 진흙반죽
기생충 박테리아 덩어리
이것들이 뱃속에 들어가자마자 아이들의 위벽을 파먹는다
배가 불러온다
꺼질 줄 모른다
고플수록 바가지 엎어 놓은 것처럼 배가 불러오는 아이들
눈은 움푹 들어가고 갈비뼈만 앙상한 막대기 같다

진도 7.0의 강진이 몰려오는 아름다운 섬 아이티
지진보다 더 무서운 허기가
아이들에게 진흙 쿠키를 먹이고 있다

소리의 뒷장

호스피스병동 복도
산자와 죽은 자의 거리만큼 떨어져 앉아
처남과 소곤소곤 이야기 나눈다
어린 조카딸이 병실에서 나와 말한다
"어머니가 다 들어요!"
섬뜩하다
병이 깊을 대로 깊어 감각마저 압류당한 채
끊어질 듯 명주실 같은 숨결을 붙들고 있을 텐데
이 소리가 들린단 말인가
산소호흡기, 링거액도 철거해가고
똑똑 떨어지던 방울 같은 희망도 사라졌는데
귀만 살아 있다니,
세상 살아오면서 차마 듣지 못할 말
귀 아프도록 듣고
더러는 귀에 담기조차 민망하여
더러워진 귀를 씻어내기도 하였는데
아직 들어야할 말이 남아 있다는 것인가
누구에게 가서 전할 말이 있어

마지막 말을 기다리는 것인가
저 소리의 뒷장은 암흑인지 몰라
내 발소리마저 그에겐 슬픔과 절망이 되는 것
문밖을 서성이다 조용히 돌아서 왔다

수탉이 우는 밤

9층 베란다에서 닭 울음이 쏟아진다
수탉이 목청껏 정오를 알린다
잠을 설쳤으니 닭 모가지를 비틀어야 한다고
아파트가 한마디씩 거든다

닭은 왜 애완동물이 되지 못할까
갈 곳 잃은 닭 울음이 귀청을 찌른다

홰를 치던 수탉
옛 아낙들 첫닭이 울면 졸음을 털고 일어나
쌀을 씻으며 새벽을 열었다
초례상에 올라 암탉과 마주 앉아 다복을 빌어주고
귀한 손님이 오면 기꺼이 제 모가지도 내어 놓았다

앵두나무 그늘로 배추밭 고랑으로 쏘다니다
먹이를 찾으면 쫑쫑, 암탉을 부르던
저 심지 깊은 가장

닭을 홀대하던 사람들
홰를 치던 그 울음에 젖어
한동안 잊었던 고향을 기억해냈다

어느 날 닭 울음이 뚝 잘리고
울음의 실종을 놓고 말이 무성했다
어젯밤 고향 하늘로 날아가는 것을 보았다 하고
옆집 개에게 잡아먹혔다고도 했다

분명한 것은 닭 한 마리가
먼 고향집을, 아파트에 옮겨 놓고 떠났다는 것이다

강물엔 주름이 없다

골짜기 모여 흐르던 강물이
자력에 이끌리듯 바다로 빨려든다

오십천 삼척교 위
죽서루를 막 돌아온 효도 관광객들
난간을 꽉 잡고 물속을 들여다본다

수백 마리 동사리가
빠른 유속을 뚫고 일렬로
상류를 향해 솟구쳐 오른다

돌아갈 길 바쁜 노인들
동사리에 마음 빼앗겨
떠날 생각을 않는다

어르신들 주름살이 물결처럼 환하다

스승을 모시고 집으로 오다

우연히 폐가에 들리게 된 날
두껍게 쌓인 먼지 속에
좌선 중인 고서 한 권을 만났다

책장을 넘기다가
누런 책장에 손가락을 베었다
말씀이 죽비처럼 어깨를 친다
페이지를 넘길수록
옛 어른의 훈향 방안에 넉넉하다

삶의 변방을 떠돌아 온 불우의 생이
모처럼 위안을 받았는데
까닭 없이 배가 아프다

책 이름도 발간년도도 떨어져 나간 책 한 권

스승으로 모시고 집으로 왔다

복사기 속 지하갱도

복사기의 잉크를 갈다가 손에 검정이 묻었다
손가락 지문의 등고선과 등고선 사이
협곡 깊은 곳에 새로운 탄광이 생겼다

태백탄광 지하갱도
잠시만 서 있어도 젖은 속옷이 친친 감겨 오는
습한 지열, 지하 800미터 막장
탄을 캐다가 둘러앉은 사내들
뚝뚝 떨어지는 물방울을 맞으며 점심을 먹는다
이마에 매달린 캡램프 희미한 불빛
허공의 탄가루가 모여든다
목구멍을 넘는 꺼칠한 밥 한 덩이도
도급제 인생의 석탄 한 삽과 같아 알뜰히 뱃속에 쓸어 담는다
담배 한대 피워 물 때 우우, 천장이 울고
동발*마다 진땀 같은 방울이 맺힌다
사내들의 미간엔 천길 계곡이 들어선다

목에 걸린 가시처럼 때로는 생이 억울해서
퇴근길 목로주점에 모여 돼지막창 지글지글 구워
울컥울컥, 병나발 분다
애꿎은 사팔뜨기 반장과 대머리 계장
안주처럼 씹어도 맺힌 가슴 쉬 풀리지 않는 캄캄한 인생의 막장
이대로 낙석에 깔려죽어도
어쩔 수 없는 일이라며 씁쓸히 웃는다

가슴에 달린 증명서 진폐 규폐증
폐를 갉아먹는 미세한 검은 분진이
어찌하다 내 방까지 찾아와서 복사기의 입을 벌리고
한 많은 사연을 털어놓는데
갱 안의 그 사내, 내 손을 꼭 잡고 놓아주지 않는다

---

* 탄광 갱도 유지를 위해 세우는 갱목, 주로 강한 잡목을 많이 쓴다.

대나무 주걱

달포 전 척추에 실금을 보이던
목이 긴 주걱

밤늦은 과음으로 간짓대처럼 휘청거리는 사내
술 냄새에 젖어 출근을 서두르는
두 다리 부축하여 신발을 신기더니

푸른 댓잎 한 장 내밀지 못하고
신발장에 매달렸다가 허드렛일까지 맡아 했다
PC방 들락거리는 아이
종아리에 시퍼런 줄 그어
책상 위에 뚝뚝, 눈물을 쏟게 하고
버스비에 쓸 아이의 동전,
손바닥을 이탈한 어머니의 알약이
또르르, 장롱 밑으로 몸을 숨겼을 때
한마디 불평 없이 제 혓바닥 밀어 넣어 찾아주더니

허구한 날

끈적거리고 퀴퀴한 뒤꿈치나 핥고
먼지 쌓인 틈이나 쑤시던
품삯 없는 머슴

오래 뒤꿈치와 정들었던 대나무 주걱이
오늘 두 쪽으로 갈라졌다

말레이꼬마*

여덟 살 말레이꼬마
생후 다섯 달 만에 고향 말레이 밀림에서
서울대공원까지 흘러왔다

수없이 건너편 청계산을 바라보았다
저곳엔 반가운 얼굴들이 있을까
울창하던 청계산이 얼굴을 붉히기 시작한 어느 날
꼬마는 쇠문을 열고
철창을 넘어 미친 듯 산을 향해 달렸다
시멘트바닥에 길들여진 발바닥
흙과 바위와 폭신한 나뭇잎을 만났다
깎아지른 비탈 바위틈에 잠자리를 만들고
별빛을 베고 잠들어도 밀림은 보이지 않았다

말레이는 어디 있는가
점점 허기는 더해가고
다정한 사육사의 목소리가 밤마다 귀를 잡아 당겼다
자유와 배고픔 사이에서 며칠을 견디다

스스로 철창 속으로 돌아왔다
다신 밟지 못할 말레이, 아흐레 만에
꿈꾸던 말레이는 사라졌다

---

* 탈출 소동을 일으킨 서울대공원 말레이산 곰

저 세상에도 방세는 있다

추모공원에 임대료를 올린다는 현수막이 걸렸다

저 세상에도 방세가 있나 사글세에서 시작한 아버지 도심에서 변두리로 변두리에서 지방 도시로 이사를 다녔다 아버지 돌아가시자 추모공원에 원룸 하나 얻어드렸다 아버지를 따라 어머니도 이곳에 세 들었다

국민연금, 노령연금도 끊어진 아버지의 빈손이 울면 어쩌나 뜬눈으로 밤을 지새우면 어쩌나 임대료 올린다고 펄럭이는 현수막을 볼 때마다 아버지 저 세상에서도 편히 발 뻗지 못하시겠다 궁색한 살림은 여전하시겠다

블랙데이

해묵은 파리똥 다닥다닥 박힌
허름한 중국집 골방
형광등 눈썹 아래
무서리 맞은 배추포기처럼 앉아
질긴 자장면을 먹네

눈 큰 여인
속 깊다고 일편단심 믿었건만
그녀는 산처럼 돌아앉고
깜깜한 자장면 앞에서
질긴 면발의 그녀를 보네
발길질한 춘장이 내 입가에 흥건하네

연거푸 소주를 털어 넣네
캄캄한 밤하늘에 보름달이 떠오르네

놋숟가락이 떴다

중천에 반달이 떴다

저 반달을 쥐고
며느리 혼자 밀린 숙제하듯 감자를 벗긴다
허드렛일 도맡은 놋숟가락
무쇠솥 누룽지 긁는 일
된장 몇 숟가락 퍼 와서
찌개 속에 풀어놓고 간을 보는 일
사과를 긁어 이 빠진 할머니에게 오물오물 먹여주는 일
모두 잠든 밤에도
벌컥벌컥 방문을 열어젖히는 겨울바람에
제 몸 깊숙이 찔러 넣고
달달 떤다
명절 지난 뒤
지푸라기에 기와가루를 묻혀 그릇을 닦는 날에도
부엌 귀퉁이에서 눈치만 살폈다

저 반달에 아물지 않은 내 잇자국이 보인다

제3부

솔잎 바늘

소나무 아래 앉아 시집을 읽고 있는데
눈이 자꾸 글을 벗어난다
그때 가을바람 한 무리가 지나가면서
책장 위에 무엇인가 툭, 떨어뜨린다
바늘이다
어릴 적 할머니가 쓰시던 눈에 익은 그 바늘
끝은 아직 뾰족하다

밤마다 남폿불을 밝히고 내 양말을 깁던 할머니
그때마다 내 뒤꿈치도 따끔거렸지만
머릿속은 실타래처럼 풀려
글이 저절로 눈 속으로 들어왔다
바늘 끝이 환했다

할머니의 바늘을 책갈피에 꽂고
시집을 읽는다

시가 눈에 들어온다

3분 행복

기어를 중립으로 놓으세요
브레이크에서 발을 떼세요
시동을 끄세요

장안 세차장 밀폐된 하늘
먹구름과 우레를 동행한 아나콘다가
갈라진 혀로 내 생의 행간을 썩썩 핥는다
먹이를 삼키기 전 입맛을 돋으려는 듯
거친 전희(前戲)에
몸을 외로 꼬아볼 사이 없이 걸어 나오는 절망
후두두, 물방울 떨어지는 소리

주소가 없으니 옆을 지나가면서도 알 수 없는 여긴,
신기전(神機箭)을 쏟아 부어도 빗나갈 과녁이다
견고한 내 영역,
이 아늑한 별채에서 박제가 되었으면

된바람이 빗방울을 밀어낸다

3분 세차 끝
남은 물방울 속에 내가 들어 있다

반 평 여인숙

어두운 골목 희미한 불빛을 따라
반 평 남짓한 방에 들어선다
아랫목 이불 밑에 언 손을 넣으면
구공탄의 혀들이 혈맥을 핥는다
이불을 들썩일 때마다 피어나는 퀴퀴한 냄새,
판자에 구멍을 내고
방과 방 사이에 달아 놓은 20촉 전구
파리똥이 다닥다닥, 박혀 있다
손을 뻗어 스위치를 끄려다 멈칫,
판자 너머의 무거운 인기척
옆방엔 누가 있을까
호기심이 귀를 잡아당긴다
황량한 들판 모진 바람이 해진 옷소매를 끌어당겼나
누군가 힘겨운 고통에 쫓겨
이 낯선 전등불 아래서 마지막 생을 내려놓는지도 몰라
먼 길 떠나는 바람이 유난히 사납다
찢어진 슬레이트 지붕과 바람과의 지루한 일전
밤새도록 불안한 잠을 끌고

고요한 굴뚝

외국인 노동자 발길 들고나던
화성 어느 제조업 공장
굴뚝에서 마지막 연기가 잘려나간 것은 두 해 전
텅 빈 용광로 컴컴한 뱃속엔
녹슨 기름 떠다니다 쿨럭이고
컨베이어 벨트만
녹슨 하늘 끌어당겨 긴 잠에 빠져 있다
연쇄살인사건의 무대임을 일깨워주듯
가끔 전담 형사들이 도끼눈 깔고 돌아갈 뿐
함부로 웃자란 개쑥들이
마당을 지워 나가고
압류딱지 덕지덕지 껴입은 철 대문엔
거미들이 눈먼 것들을 잡기 위해
그물을 치고 있다
기계소리 그친 빈 공장
지척지척 비라도 내리는 밤이면
버려진 길고양이 모여들어
발톱을 세우며 괴성을 지른다

실버들의 요가시간

— 아기 되기

하늘에서 아기가 뚝뚝 떨어진다
버드내복지관 요가교실
평소 버려두었던 몸의 구석구석을 작동시키자
실버들의 입에서 저절로 신음이 새어나온다

한참을 더 두고 보던 우정숙 씨
지금이다!
속으로 외치며 아기자세를 주문하자
하늘에서 아기들이 뚝뚝 떨어진다
떨어진 아기들
한쪽 볼을 바닥에 대고
엉덩이를 치켜든 채 풋잠에 빠진다
뭘 그리 맛있게 먹는 것인지 연이어 입을 오물거린다

교실 가득 옹알이가 넘친다
아기 엄마가 된 젊은 선생은
아이고, 내 새끼
아이고, 내 새끼

오줌발도 세다
축축한 기저귀 갈다 말고 사타구니를 쓸어 올린다
젓살 오른 아기들
다리를 쭉쭉, 뻗을 때마다
키가 한 뼘이나 자란다

나이가 들면 아기가 된다더니
엄마 기척에 두 귀 열어 놓고
빈 고무젖꼭지를 빨면서 흘러온 강물을 거슬러 오른다

주름살 팽팽한 실버 교실

아파트는 외롭다

개수대, 주향(酒香)이 흘러나온다

콧날 시큰한 향
주정이나 향료배합 없이 발효한 이 향은
양주 소주 막걸리와도 다른 순수한 향이다

며칠째 담가 놓은 그릇
밥풀과 반찬그릇의 갖은 양념 찌꺼기
접시바닥에 달라붙은 생선기름과 게으름이 주원료
젓가락에 묻어있는 내 입속 효소는 주정인 셈

시장 보고 혼자 밥 해먹고
밥그릇 그대로 담가둔 채
위층 아래층 아주머니들과 옆 건설현장에 몰려가
소음, 분진 심해서 못살겠다
목청껏 시위하고 돌아왔다

늦은 밤 우두커니 텔레비전에 눈 박고 있으면

위층에서 흘러내리는 발소리
아래층에서 배관을 타고 올라오는 목소리
때맞추어
정성껏 빚은 술 한 잔 권하는 개수대

씁쓸하고 끈적끈적한 뒷맛
선천적으로 술이 약한 나는
얼굴이 벌겋게 달아올라 깔아 놓은 이불에
코를 박고 잠든다
집은 적막 속으로 가라앉는다

안개 눈

초봄은 밤새 안개를 풀어놓았다
아직 떠나지 않은 겨울은
막 문지방을 넘어서는 봄과 늦도록
소유권을 벌이다가 잠자리에 들었을 뿐인데
해가 중천에 뜨도록
하늘은 이불 갤 생각을 않는다

눈에 불을 켜고
조심스레 안개의 살갗을 벗긴다
안개의 심연엔 큰 아가리가 있다
불안한 오감 뒤엔 늘 가족의 얼굴이 있다
겁 없이 추월하던 한 젊은이가
아차, 하는 순간
영원한 차선을 넘어 안개 입속으로 들어갔다

안개의 입자는 너무 촘촘해
소리를 질러도 입만 들썩일 뿐
모든 소리는 안개의 그물에 걸린다

눈빛과 손짓만이 허용되는 나라
다녀온 사람들은 몽롱한 의식 속에서
용궁을 다녀왔다느니, 구름을 타고 신선처럼 놀다왔다느니
기이한 이야기를 사실처럼 말한다

한나절이 넘어서야
안개는 햇빛 칼날에 조각조각 난도당한 후
가지마다 전쟁기념품처럼 물방울을 걸어놓았다

잔치국수

이곳 잔칫집엔 언제나 하객이 넘친다
잔칫집에 빈손으로 갈 수는 없지
축의금은 이천팔백 원
더 받지도 덜 받지도 않는다
망설이던 사람들 얄팍한 지갑을 연다
잔칫집엔 국수가 제격
다시다 국물에 몸을 낮춘 면발
계란고명 대신 추억이 앉아 있다
양념간장으로 간을 맞춘 면발,
몇 젓가락 훌훌
간에 기별이 닿기 전에 속내를 드러낸다
잔칫집에서 배터지게 먹던 시절은 옛말
배가 덜 찬 사람들, 으적으적 단무지를 씹는다
신랑신부는 보이지 않고
아낙들 몇이 늦은 손님상에
팅팅, 분 국수를 말아 올린다
백화점 지하 잔치국수 코너
이쑤시개 한 개씩 답례품처럼 들고 나온다

정조의 앞뜰

융건능의 봄
늙은 상수리나무들 말이 푸르다
알 듯 말 듯한 나무들의 말
미답의 아득한 동굴 속
억만년 종유석에서 떨어지는
물소리가 저러할까
어린 이파리의 서툰 옹알이가
눈 부비며 기지개 켠다
푸른 혓바닥끼리 주고받는 말
그 말의 푸르름이
귓속을 채운다

봄이 와도
정조는 여전히 무덤 속에 있다

그 남자의 심근경색

나이 든 이웃
갑자기 가슴이 조이는 듯 아파
응급실에 실려가 검사를 받았다
심근경색
생의 하구에 퇴적물이 쌓여 강폭이 좁아지면서
생긴 병,
언제 둑이 터질지 모른다
빨리 수술을 받으라고, 수술만이 살길이라고
의사는 경고했는데 그는 마다하고
태연히 평소처럼 지낸다는 것

며칠 전 친지의 병문안을 다녀왔는데
그는 기약 없는 오랜 지병에 몰라보게 쇠약하고
가족들 역시 불어나는 병원비와 간병에 지쳐
기진맥진하더라는 것

나이 들어 세상을 떠날 때
고통 없이 떠나는 것이 본인의 소원일 뿐더러

가족에게 짐이 되지 않는다는 것인데
일순간 픽, 쓰러지는
심근경색 심장마비야말로
선택된 사람에게만 주는 하늘의 선물
가까운 가족에게마저 알리지 않고
그들이 찾아올 날을 기다리며
여태 소중하게 간직하고 다닌다는 것

초연한 그의 말이
삶에 빌붙어 바동거리는 내 머릿속을 오랫동안 헤집고
다녔다

생밤

새로 나온 밤칼 하나를 사왔다
집게 모양의 칼날이 아찔하다

생밤의 옷을 벗긴다
여러 군데 상처를 입었는데도
밤은 뺀질뺀질한 몸짓으로 헛칼질을 유도한다
무리한 힘은 자해를 부를지 모른다
전철 상인들 손에선 사각사각
사과 껍질처럼 벗기던 칼날이 낯을 가린다
나를 만만히 본 것이 분명하다
속살에 상처를 내면 안 된다

처음 본 남자에게
제 몸 선뜻 맡기는 여자가 어디 있던가
정성을 다해본다
앙탈을 부리던 밤이 드디어 옷을 벗기 시작한다
뽀얀 살결을 드러낸
알밤이 접시 위에 드러눕는다

차례상 받은 울 아버지 흐뭇해하시겠다

은행잎과 은행

장대비가 다녀간 후
길가 은행나무에 빳빳한 오만 원 신권이 열렸다
나는 바삐 돈을 따서 주머니에 구겨 넣는다
그러나 어쩐지 불안하다

이때 핸드폰이 자지러진다
은행이다
받을까 말까 망설이다가
얼른 극장 속으로 몸을 숨긴다

눈을 감고 〈7급 공무원〉을 본다
맞아,
그때 무조건 공무원으로 갔어야 했다
그랬다면 지금의 빚 독촉 따위는
남의 일이 되었을 것이다

영화가 끝나갈수록 다시 앞이 캄캄해진다
누군가 발목을 잡는다

잠결에 안경을 떨어뜨렸다
더듬더듬 안경을 찾아 끼고 바깥을 나오니
이번엔 주머니 속 핸드폰이 사라졌다
나 대신 멱살이 잡힌 폰은 진이 빠지도록 끌려 다니며
주인을 불러댈 것이다

거리의 은행나무가 바닥에 엎드려 독촉장을 쓰고 있다

익숙한 함정

휴대폰 상가를 지나는데
물어보세요!
점원이 말한다
물어보세요?
저 말은,
무릇 풀 수 없는 세상의 난제를 자신 있게 풀어주겠다는 뜻,
세월 깊숙한 곳간에 잠가버린 저 말
이미 되돌릴 수 없는 시침이지만
지난날은
물을 사람도 없고 묻는 사람도 없는 응달이었다
그리운 저 말
생의 기로에 서서 전전긍긍할 때마다
희망은 늘 절망에게 추격당하였다
저이는 다만 휴대폰을 팔려는 것이 아니다
길흉화복을 꼭, 쥐어주려는 것
우리들의 아픈 곳을 유리알 들여다보듯,
다시 물어보세요!

물어만 보면 무엇이든 속 시원하게 풀어주겠다는데
사람들은 못 들은 척 지나간다
미래를 후회 없이 밝혀준다는데도
믿을 수 없다고
익숙한 함정만을 고집하며
귀를 기울여야 할 순간을 놓치고 있다

유닛체어에서 눈을 감고

저지레를 하다 들킨 아이처럼 가슴이 뛴다
부릅뜬 빛이 낡은 폐광을 뒤진다
아무에게도 보여주지 않았던
악취의 내력이 생의 퇴적층을 이루었다

지난 날 이빨 속에 내맡긴 세월
곤궁한 입은 굶주린 하이에나처럼 초원을 헤매고
먹다 남은 뼈다귀라도, 허겁지겁
으깨어버리던 절박한 휴대용 초간편절구
단단한 기억마저 씹어 삼키던 질긴 뿌리들

집행 전 막걸리 한 모금 뿌리는 망나니의 칼날처럼
맥을 따라 여기저기 기웃거린다
드릴 소리
시추공은 빠르게 돌아가고
덧씌운 삼엽충의 패석이 쩍쩍 갈라진다

생의 페이지가 뜯겨나간다

제4부

텃세

쓰레기를 버리려고 나가는데
쓰레기 몇 점이 봉투에서 뛰어내린다
꾹꾹, 눌러 넣고 몇 발짝 걷는데
조금 전 것들이 다시 밀고 나온다
안의 놈들이 비좁다고
한사코 몸을 불려 나중 놈들을 밀어낸 때문이다
조금씩 좁히면 다 앉을 수 있겠는데
터를 잡은 놈들이
저희끼리 똘똘 뭉쳐 텃세를 부린다
세상에 태어나 온갖 잡일을 하다가
분리수거에도 들지 못하고
단명할 운명,
마지막 가는 길 동행하면 좋으련만
저 작은 그릇이라니,
비닐테이프로 아예 입을 봉해버렸다
울퉁불퉁 저희끼리 발길질이 요란하다
한치 앞도 모르고 싸움질만 하는
저들의 얼굴이 낯익다

잠자는 안경

반가운 소식이 눈꺼풀을 연다

옹관묘 같은 제 집에서 손발 모으고
쪼그리고 누워 지난 세월을 그리워하다가
세상 미련 없다, 애증 내려놓고 해탈 꿈꾸던 십여 쌍의 눈들

모진 마음 상처에
때론 욱하는 성미 누르지 못해
아끼던 안경 벗어 길바닥에 패대기치고
그러고도 성이 풀리지 않아 구둣발로 짓이겨도,
깨진 유리알 너머
어진 성자의 눈길 보내오던 저 투명한 시력들

C대학병원,
어느 수녀님이 가난한 사람들 시력을 도와줄
'잠자는 안경을 찾는다'는 모집함 글귀,
오늘 내 눈을 밝혔다

이제 멀리 낯선 곳으로 그들을 보내야 할 시간
내 눈은 아프리카 가난한 어느 동네,
흐린 눈의 지팡이가 되어
비틀대던 발길, 부목이 될 것이다

품안의 자식을 출가시키듯, 입김을 불어 안경을 닦는다

잡초 허리 꺾기

소낙비를 온몸으로 받아내는 길가 잡초를 보면
무척 낯이 익다

잡초는 물방울의 무게를 가녀린 허리로
휘청휘청 받아낸다

회사 다닐 때
상사는 피우던 담배 구둣발로 비벼 끄듯
내 자존심 짓뭉개도 나는
오롯이 굳은 허리 정중히 꺾어댔던 것이다
그러나 내 속 자존심 덜 꺾인 것 눈치 챈 후배
기다렸다는 듯 양주 사 들고 사장 찾아가
정중히 허리 꺾어대며 나 모함하고 아첨했다
그는 나보다 앞질러 승진했다

유연하지 않은 허리로 한자리에 뿌리내린다는 것이
어디 쉬운 일이던가 그러나
잡초는 매연과 구둣발,

때론 술 취한 오줌발에 제 몸 데이면서 팔자인 양
적당히 굽실굽실, 허리 꺾으며 살아간다

꺾이는 듯 꺾이지 않는 잡초의 탄력을
나는 오늘에 이르러 쪼그려 앉아 배우는 것이다

체외충격파쇄석기*

고막 보호용 헤드셋만을 걸어주고 기사는 매정하게 문을 닫았다 천장의 둥근 쇳덩이 낯빛을 바꾼다 탕 탕 탕, 정해진 보폭의 투명한 가속, 정수리에 떨어진다 돌덩이와 살덩이의 한계가 불안하다

불문곡직 주인 몰래 안방에 여장을 푼 저 돌 씨앗 세월을 먹고 단단한 짱돌로 자랐다 다시 바깥으로 나가겠다고 날을 세우고 애먼 살가죽을 찢기 시작한 것

얼음 잔뼈가 희끗희끗한 어릴 적 고향 개울 해머로 떠있는 바위를 내려치면 겨울잠 즐기던 퉁가리 꺽지 꾸구리 허연 배 드러낸 채, 제 집에서 나와 원망스러운 눈빛 내게 보냈다 음률과 강약이 있는 망치질 겨냥하는 위치가 중앙에 모아질 때까지 툭툭, 가늠하다가 기회를 노려 팔목에 힘주어 단박에 내려친다 드디어 급소를 맞은 돌의 비명

내 발자국을 돌아본다 죽음의 얼굴은 늘 평온을 미끼를 쓰는가 잠들면 안 되는데 내 허연 배는 자꾸 하늘을 향한

다 지금쯤 그 개울엔 부서진 돌가루가 흘러내릴까

---

* 고에너지 충격파의 파괴력을 이용하여 요로 및 신장결석을 분쇄하는 의료 기구

화이트데이

사랑하는 이에게 사탕을 선물하는 날
아이들이 가게 앞에 알사탕처럼 모여 있네
동글동글한 머리 사이로 예쁜 알사탕 하나
슬며시 집어 드네
알사탕 뒤로 둥글고 눈 큰 여인 떠오르네

마음이 가는 곳에 길이 있다지
설레는 마음이 숫자와 부딪히며 쿵쾅거리네
3.14
3번 생각하고 1사람만 4랑하라는
이날의 전음(轉音)

분위기에 밀려 길을 가네
이 길 어딘가에서 그대 만날 수 있기를,
만나서 누가 먼저랄 것도 없이
손가락 걸어
다시는 헤어지지 않기를

그대 눈 속 별사탕이 천천히 녹을 때까지
그저 보고만 있어도 좋겠네
고백도 하기 전, 하루가 급하게 녹아들기 시작하네
알(을)
사(서)
탕(탕)
폰 액정에 또렷하게 박힌 사랑의 알
탕탕
원 없이 쏘아 보네
그녀의 마음 한복판에 적중하기를,

가시엉겅퀴의 효능

들길에 보랏빛 엉겅퀴 꽃이 피었다

간에 탈이 난 할아버지
입소문을 따라 강원도 인제 땅에서 엉겅퀴를 구해왔다
연한 잎은 참기름을 버무려 나물로 무쳐먹고
뿌리는 새벽약수에 정성껏 달여 마셨다
그래서 그런지 몇 해 더 사시다 돌아가셨다

새벽이슬 함초롬한 자주색 꽃 엉겅퀴
촘촘히 가시를 둘렀다
그러고도 마음 놓이지 않아 이중 잠금처럼
온몸에 끈끈이를 발라 안전장치를 잊지 않았다

함부로 몸을 허락하지 않겠다는
저 가시의 속내
헤프지 않은 저 숙연함 속에
신비의 약효가 들어 있다
제약사가 가시엉겅퀴에서 실리마린*을 뽑아

간장병 환자의 손을 잡아준 것은 얼마 전의 일

뾰족한 저 가시에 나는 한없이 찔려도 보았다
미상의 약물에 마취된 듯
그때는 하나도 아프지 않았다

---

* 만성 간장병에 유효한 성분의 학명

새와 닭 사이에서

닭 가슴살을 사왔다
어젯밤
밤새도록 홰를 친 내 가슴을 만져보았다
튀어나온 새가슴에서 아직 미동이 들린다

강물의 젖가슴을 물수제비뜨며
비상하는 새의 활강을 보고 온 밤이면
제 분수를 지키며 살라고
할아버지는 낮게 가르치고 가셨다

순대국밥이 펄펄 끓는 도시 뒷골목에서
먹이를 구걸하던 새,
밤이 되자 어디서 힘이 솟는지
펄쩍펄쩍, 하늘을 연거푸 뛰어 오른다
창공은 내 고향이라고,
일생의 꿈이 저기 있다고, 새는
제 몸을 치며 날아오른다

닭 가슴살을 먹는다 가슴이 이상하다
까뭇까뭇 솜털이 배어나온다
나는 새야
오늘밤 나는 하늘을 날아갈 거야

너는 새가 아니야
닭이야

새가슴을 바닥에 찧고서야
아픈 꿈을 열고 나왔다

둥근 접시 위에서
날개가 퇴화된, 중년의 사내가 바동거린다

겨울 막차

막차 떠난 버스터미널이 어둑하다 아쉬운 이별이 맵찬 바람에 살을 엔다 발들이 두고 간 온기는 식어가고 대합실엔 몇몇 따스했던 추억들이 추위를 달랜다 절뚝이며 도착한 막차 손님들, 외투깃 속에 묶여 있던 시름을 풀어 출구를 빠져나간다 상점들이 자정을 닫는다 살점이 뜯긴 가랑잎들 개찰구 앞을 서성이다가 한쪽으로 기운 삶의 뒤축에 밟힌다 웅크린 택시들이 사라지고 가로등 앞세운 불빛 아래 프린스 캐슬 힐턴 타이티 이국의 별들, 눈부신 카지노 불빛 사이로 피어나는 얼굴 저곳에 가면 그녀가 있을지 몰라 곤드레가 된 붉은 카펫을 따라 철컥, 문고리를 비튼 캐슬 303 침상에 버려둔 또렷한 얼룩, 아직 지워지지 않는 기억의 지문이 남아 있다 사그라지던 불씨 한 점 보듬고 외로운 도시에서 마지막 밤을 지핀다

판매전략

구경이나 하려고
자동면도기 가게에 들렀다

점원은 보이지 않고
날렵한 신형 모델, 날이 선 자동면도기 손님을 맞이한다
솜털수염 빳빳한 수염 가리지 않고 깔끔히
밀어내겠다는 저 자신감

차르르, 뿌리 밑동까지 잘라내는 톱날의 경쾌함
마음을 끌어당긴다

못 본 체
저만치서 손톱을 매만지는 점원

나는 무이자 3개월을 긁었다

그의 예감은 빗나가지 않았을 것이다
그는 여러 개의 판매전략 카드를 가지고 있을 것이다

베란다에 덕장이 열려요

혹한이 유리창에 볼을 비비면
동해에서 날아온 알밴 명태 가자미 떼
창가에서 동면을 준비하죠
알배기의 코를 꿰어 쫙, 널어놓으면
한계령 칼바람 함박눈 몰고 달려오고
난생 처음 보는 눈송이를 한입씩 받아 물고
무서리꽃 피워내죠
하늘 구석 풀죽어 있던 겨울 햇빛이 끙,
식어가는 열선에 고주파를 흘려보내면
알배기들 세상에서 처음 보는
뜨거운 환영에
눈물인지 눈(雪)물인지 알 수 없는 점액이
잘팍잘팍, 배어 나와요
겨울밤이 느리게 지나가고
허연 살점 노릇노릇 말라갈 때
고향의 그리움은 물기가 다 빠졌어요
기다리던 설날
잘 차린 상 위에 침이 고이면

그들은 마지막 옷을 벗어버리고

세상 저편으로 사라져가죠

고두밥, 진밥

밥을 먹다가 문득
내가 진밥을 닮아간다는 생각

어릴 적 어머니는 아버지의 입맛에 따라
매일 진밥을 지었다
씹힐 때 고소하게 우러나오는 고두밥과는 달리
숟가락에 질척질척 매달리며
은근슬쩍 목구멍을 넘어가는 진밥이 싫어 나는
숟가락으로 푹푹, 진밥에 화풀이를 해댔다

유별난 철부지는 대수롭지 않은 일에도
진득하지 못하고
곤두선 고두밥알처럼 튀어나가기 일쑤였다

거친 비바람이 나를 지나갈 때마다
내 고슬고슬한 고두밥은
꼿꼿한 관절을 풀기 시작하더니
눅눅한 진밥으로 돌아앉았다

밥을 먹다가 문득

내가 진밥을 닮아간다는 생각

모녀빵집

밀밭 냄새를 따라
멀미나는 굽이를 돌아 돌아가면
배고픈 아이들이 몰래 꺼내먹은 찐빵처럼
손수건만 한 유리창이 비스듬히 걸린
모녀빵집

숙성된 반죽을 뚝뚝 떼어놓으면
소녀는 그 반죽을 둥글납작하게 빚어
희망처럼 팥소를 심었다

엉겁결에 빵을 따라
찜통에 들어간 한숨 몇 줌이 열기를 타고 나올 때
설핏 보이는 그녀의 속살

내 사춘기
이불 속에서 몰래 베어 먹고 싶던
저 둥근 곡선의 현기증
소녀의 지문이 선명한 빵일수록

팔고물이 질척하다고 친구들과 농을 나누던
지금은 갈 수 없는 빵빵하던 시절

나는 뜨거운 그녀의 나신을
호호 불다가 어루만지다가
입술을 대고 내 가슴에 묻는다

아직 그 열기 남았느냐고

추모공원

공원의 사람들은 웃지 않는다
달려온 햇살이
사각대리석 위에 투신하는 유월의 공원
격전 후 잠시
휴전에 들어간 적막처럼
저희끼리 눈길만 주고받다가
벌컥벌컥 냉수를 들이켠다
끊었던 담배를 다시 피운다
산등성이에 걸린 구름을 모아 가신 이의 모습을
그리다가
지나간 날을 질금질금 손수건에 담는다

이곳 사람들은 입이 무겁다
어깨를 짓누르는 무쇠 같은 공기를
더는 못 참겠다는 듯
굽 높은 여인이
따각따각, 딱딱한 공기의 껍질을 벗겨보지만
소리는 차가운 탄성에 이내 쫓겨난다

간 사람은 이미 백리는 가고
웃음을 빼앗긴 사람들만 남아
죽은 자의 목소리를 어루만진다

검은 리무진이
아치형 국화꽃을 들고 입장하고 있다

헌차와 신형 리모컨

중고차 살 때 따라온 신형 리모컨
눌러도 문은 열리지 않는다
네 개의 버튼을 다 눌러봐도 꿈적도 않는다

키를 꽂는다
속내를 들킨 듯 화들짝, 경고음을 쏟아낸다
동네가 떠나가라 울어대더니
도둑이야
큰 소리로 외친다

지나가는 사람들이 흘끔거린다
누군가 내 인상착의를 눈여겨 두었다가
112에 신고할지도 모른다
어찌할 바를 몰라 이것저것 눌러본다

신형 리모컨의 마음을 읽지 못한 헌차
온 동네
초저녁잠을 깨워 놓고 잠잠해졌다

해설

성찰(省察)과 위로(慰勞) – 선순환(善循環)의 시적 존재론

감옥에서 시는 폭동이 된다. 병원의 창가에서는 쾌유에의 불타는 희망이다.
시는 단순히 확인만 하는 것이 아니다. 재건하는 것이다.
어디에서나 시는 '부정(不正)'의 '부정(否定)'이 된다. — C. 보들레르

백인덕 시인

1. 시의 자산(資産)과 운용법(運用法) – 진솔한 경험의 힘

김진기 시인의 작품들은 '힘'이 세다. 그 무엇보다 진솔한 '경험'에 기반(基盤)했기 때문이다. 시의 세 가지 '원천'을 거론하게 되면, 모티브의 주요한 발생 지점을 중심으로 '경험', '기억', '상상력'으로 분류하는 것이 일반적이다. 하지만 이 분류의 문제점은 이론적으로는 흠잡을 데가 없지만, 실제 창작과정을 설명하기에는 너무 추상적이라는 데 있다. 실제로는 '체험', '추억-회고', '가상-상상' 등으로 바뀌어야만 '동기(motive)'가 '동기화(motivation)' 되고 시작 과정의 연쇄가 자연스럽게 흐르게 된다. 물론 작품의

'제재'가 '동기화'되면, '경험/기억/상상력'의 경계는 허물어지고 하나의 시상(詩想) 속에서 혼합, 융합되는 사태가 발생한다. 이는 다르게 말하면, '정신'이 '언어' 속으로 녹아드는 과정이라고 할 수 있다. 이렇게 이해한다면, 김진기 시인의 시적 자산은 '체험'이 주류가 되고, 그 운용법은 '동기화' 이후 시상을 끌어나가는 방법이라는 측면에서 '알레고리(allegory)—우유(寓喩)'라고 볼 수 있다.

경제적 논리로는 '쓸모없음'을 통해 현 사회와 체제를 비판해온 시라는 예술에서 '자산', '운용법'과 같은 용어를 사용하는 것은 오해의 소지가 충분하다. 하지만 필자는 하나의 '용어'란 하나의 '개념'에 들어맞고, '이해'라는 목적에 충분히 사용될 수만 있으면 그만이라는 생각이다. 그 이상도 이하도 아닌 것이다. 이번 시집 『차우차우』는 어느 모로 보나 시인 김진기의 시적 자산인 진솔하고 풍부한 '체험'이 제대로 활용될 수 있는 방식(운용법)을 찾아 시인의 시작(詩作) 목적을 달성한 경우라고 할 수 있다. 여기서 이 글의 구성은 확연하게 드러난다. 시인의 '어떤' 체험이, '어떻게' 작용하여, '무슨' 목적을 이루었는가를 살펴보게 될 것이다.

이 글의 제목에서 이미 암시되었지만, 이번 시집에는 김진기 시인이 살아오면서 겪은, 혹은 겪었음직한 사건들과 그에 대한 술회로 가득 차 있다. 한 마디로 줄이면, 시인

자신의 삶에 대한 '자성적 인식'과 타자에 대한 '이해와 배려'에의 갈망이 여실히 드러난다. 단순하게는 '체험'이 미적 '정서'를 지향하게 하고, 그 결과 형상화된 작품이 시인 자신과 독자에게 '감동'을 줌으로써 '위로'가 되는 경로를 밟고 있다고 할 수 있다. 이러한 경로의 최대 강점은 각 지점에서 '진솔함', 또는 '진심'이 담보될 수 있다면, 그 어떤 외부적 개입 없이 '선순환'이 이루어질 수 있다는 점이다. 그렇게 된다면 거의 모든 연결고리가 끊긴 (시인의 체험과 독자의 체험과의 정서적 유대 없는 독서- 즉, 이론상으로만 소통하는) 오늘날 우리 시의 한 치유 방법이 될 수도 있을 것이다.

2. 통점(痛點)을 짚다 - 성찰(省察)의 두 양상(樣相)

스스로 고행을 자초한 수도승이라 할지라도 매 순간 '성찰적'이기는 어렵다. 왜냐하면 그의 현전성은 '육신'을 통해 드러나고, 인간의 몸은 그 동물적 속성으로 인해 자꾸 저의 '의지'를 거슬리기 때문이다. 그래서 쉽게 '성찰'은 '계기적(繼起的) 사건'으로 이해되곤 한다. 어느 한 순간, 어떤 이유가 '자기 자신'을 돌아보게 한다는 것이다. 하지만, 그 '순간'이 삶에 지속적으로 영향을 미치고 있다면 그것은 '성찰'이 아니라, '자각(自覺)'에 가깝다. 자각은 어린 나이에도 충분히 가능하겠지만(그가 온 영혼과 힘을 다한다면), 성찰은 그렇지 않다. 시간이 주는 지혜가 필요한 것이다. 시간의 흉터 앞에서 우리는 '삶'을 되돌아보고, 그 회고(回顧)와 반추(反芻)를 넘어서 '삶의 의미'를 되묻게 된다. 김진기 시인의 경우는 '부러진 앞니'가 강렬한 시간의 흔적으로 시인의 '성찰'을 촉구한다.

단단하던 내 집
돌풍에 문지기가 떨어져 나갔다
시린 바람이 안방까지 몰려온다
감출 것도 빼앗길 것도 없는 살림이지만
그래도 문지기가 없으니 불안하다

함께 살며
정든다는 것
떠나지 않고 내 기억의 뒤안길을 서성이는
저 서랍 속 부러진 앞니 두 개

—「투명한 사리」 부분

시인은 스스로 "감출 것도 빼앗길 것도 없는 살림"이라고 자세를 낮추지만, 그 이면에는 "단단하던 내 집"이라는 자존감이 배어 있다. 이런 자존감이 가능한 이유는 "나도 모르게 튀어나오는 막말을 걸러주고/분을 삭이지 못해 떠는 입술/지그시 깨물어 달래던 문지기", 즉 '앞니'가 있었기 때문이다. 그런데 어느 순간 '앞니 두 개'는 부러졌고, 부러진 앞니를 시인은 '서랍' 속에 '사리(舍利)'처럼 간직한다. 말 그대로 '사리'는 오랜 '자아 성찰'의 결과로 저절로 얻게 되는 것의 비유일 뿐이다.

허구한 날
끈적거리고 퀴퀴한 뒤꿈치나 핥고
먼지 쌓인 틈이나 쑤시던
품삯 없는 머슴

오래 뒤꿈치와 정들었던 대나무 주걱이
오늘 두 쪽으로 갈라졌다

—「대나무 주걱」 부분

처음 '사리'로 비유되었던 김진기 시인의 '앞니'는 앞 작품에서는 '두 쪽으로' 갈라진 '대나무 주걱'이 되어 등장한다. '앞니'가 몸의 일부이면서 인상을 좌우하는 역할을 한다는 점을 미루어 볼 때, '소중한 것'들의 비유라면, '주걱'은 소모품(사물)일 뿐이며 '품삯' 없는 일을 도맡아 한다는 점에서 '하찮은 것'들의 비유로 읽을 수 있다. 김진기 시인의 '성찰'은 이와 같은 '대비(對比)'를 넘어서고 있다는 점에서 그 진실함과 철저함을 드러낸다.

자기를 확인하는 방법은 일반적으로 '기억'을 더듬거나 '거울'을 들여다보는 행위로 구성된다. 물론 앞의 명제는 보다 복잡한 층위를 거쳐야만 정확한 의미가 드러나지만, 단순화하면 '기억'을 더듬는 것은 '자기동일성'의 재인식이다. '내'가 '나'인 것은 과거의 어느 지점에서의 '나'도 지금의 '나'와 '동일'했음을 기억하는 것에 지나지 않는다. 반면에 '거울'을 들여다보는 것, 즉 시각적 '자기 확인'은 '어쩔 수 없이' 변해버린 '나'를 받아들이라는 무언의 압력이 되어 그 또한 '자아 성찰'의 계기로 작용한다.

오랜만에 동네 목욕탕에서
때를 밀다가 낯선 내 손을 보았다
손등의 잔물결 같은 주름과 굳은 손바닥이
내 걸어온 길 낱낱이 기록해 놓았다
손이 할 일을 다 못한 사이
마음보다 세월이 먼저 갔다

—「빈손」 부분

자기 자신을 낯설게 느끼기 시작했다는 것은 바꿔 말하

면 시인이 최소한 다른 인식과 다른 방향의 목표를 요구하기 시작했다는 내적 변화의 표지이다. "손이 할 일을 다 못한 사이/마음보다 세월이 먼저 갔다"라는 구절이 이러한 변화에의 요구를 반증한다. 이러한 심리적 변화는 「놋숟가락이 떴다」 같은 작품에서는 "저 반달에 아물지 않은 내 잇자국이 보인다"라는 구절로, 「정조의 앞뜰」에서는 "봄이 와도/정조는 여전히 무덤 속에 있다"는 표현을 통해 드러난다. 두 작품 다 실질적 변화를 이끌어내지 못한 인물들이 등장하고 '화자'는 거기에 감정이입이 되어 있다.

김진기 시인의 '자아 성찰'은 시인 자신에게 어떤 새로운 방향과 목표를 가져다주었는가. 거기서 시인은 어떤 존재로 변모하게 되는가?

> 우연히 폐가에 들리게 된 날
> 두껍게 쌓인 먼지 속에
> 좌선 중인 고서 한 권을 만났다
>
> (중략)
>
> 책 이름도 발간년도도 떨어져 나간 책 한 권

스승으로 모시고 집으로 왔다

—「스승을 모시고 집으로 왔다」 부분

소나무 아래 앉아 시집을 읽고 있는데
눈이 자꾸 글을 벗어난다

(중략)

밤마다 남폿불을 밝히고 내 양말을 깁던 할머니
그때마다 내 뒤꿈치도 따끔거렸지만
머릿속은 실타래처럼 풀려
글이 저절로 눈 속으로 들어왔다
바늘 끝이 환했다

할머니의 바늘을 책갈피에 꽂고
시집을 읽는다

—「솔잎 바늘」 부분

세계의 재건, 너무 거창하게 들린다면 '자아의 재배치'라고 에둘러 쓸 수도 있다. 시인의 '성찰'이 전반부에서 '살아온 날'에 대한 반성적 인식이라면, 앞의 인용 작품들은 '살아내고 싶은 날'에 대한 궁극적 '바람'이라는 특징을 갖는다.

시인은 「주상절리대」 앞에서 "필생의 이야기를 완성하기 위해" 고군분투하는 '바다 서생'을 만나고 「강물엔 주름이 없다」에서는 거센 물결 앞에서 주름을 지워버리는 '어르신'들을 만난다. 이런 예비적 만남을 통해 시인은 자신의 변모를 준비한다. 그 결과 인용 작품 안에 들어 있는 "책장을 넘기다가/누런 책장에 손가락을 베었다/말씀이 죽비처럼 어깨를 친다"는 경험이나 "밤마다 남폿불을 밝히고 내 양말을 깁던 할머니/그때마다 내 뒤꿈치도 따끔거렸"던 기억이 '스승'을 모실 수 있게 했고, 드디어 '시'가 읽히는 경지를 마련할 수 있었던 것이다.

3. 눈귀(耳目)를 씻다 – 위로(慰勞)의 두 방향(方向)

한 시인의 작품 세계에서 구성 기법이 비유적 측면에서 '알레고리'가 우세한 특징을 보인다면, 이는 알레고리의 일반적 특징을 대상 작품들에서 추출해낼 수 있다는 의미로 환원 가능하다. 상징과는 다른 알레고리의 여러 특징 가운데 이번 시집, 『차우차우』에 유용한 것을 생각해보면, 관념의 명확성과 설화성의 강조 등을 들 수 있다. 물론 '관념'을 '의미'로, '설화성'을 '교훈성'으로 바꿔도 같은 말이 된다.

나이 든 이웃
갑자기 가슴이 조이는 듯 아파
응급실에 실려가 검사를 받았다
심근경색
생의 하구에 퇴적물이 쌓여 강폭이 좁아지면서
생긴 병,
언제 둑이 터질지 모른다
빨리 수술을 받으라고, 수술만이 살길이라고
의사는 경고했는데 그는 마다하고
태연히 평소처럼 지낸다는 것

며칠 전 친지의 병문안을 다녀왔는데
그는 기약 없는 오랜 지병에 몰라보게 쇠약하고
가족들 역시 불어나는 병원비와 간병에 지쳐
기진맥진하더라는 것

나이 들어 세상을 떠날 때
고통 없이 떠나는 것이 본인의 소원일뿐더러
가족에게 짐이 되지 않는다는 것인데
일순간 픽, 쓰러지는
심근경색 심장마비야말로
선택된 사람에게만 주는 하늘의 선물

가까운 가족에게마저 알리지 않고
그들이 찾아올 날을 기다리며
여태 소중하게 간직하고 다닌다는 것

초연한 그의 말이
삶에 빌붙어 바동거리는 내 머릿속을 오랫동안 헤집고
다녔다

—「그 남자의 심근경색」 전문

전문인용이 좀 부담스럽지만, 위의 작품은 김진기 시인의 작품 구성 전략을 여실히 보여준다. 이 작품은 '나이든 이웃'의 이야기로 작품이 계기적으로 진행되고, 작품 안의 주체(그 남자)의 의지가 명확하게 표출되고 있으며(2~3연), 화자의 반응(4연)이 첨가됨으로써 완벽하게 '설화성(이야기)'의 특징을 보여주면서 동시에 독자의 정서적 반응(공감)을 이끌어내고 있다. '심근경색'을 소중하게 간직하고 다닌다는 작품 주인공의 전언은 '시'를 '독(毒)'처럼 품고 산다고 믿는 시인에게도 커다란 울림이 되어 맴돈다.

이번 시집에 드러나는 '위로'의 양상은 시적 화자를 중심으로 했을 때, 방향으로는 '나→너'의 경우와 '나←너'의 경우로 나눌 수 있다. 물론 모든 '위로'가 쌍방향이면서 동시에 '공감'을 지향한다는 것을 잠재적으로 외면했을 경우에 말이다.

> 차례상 받은 울 아버지 흐뭇해하시겠다
>
> —「생밤」 부분

> 품안의 자식을 출가시키듯, 입김을 불어 안경을 닦는다
>
> —「잠자는 안경」 부분

제사를 앞두고 새 칼을 사서 깨끗한 '생밤'을 제상에 올리는 행위나 헌(잠자는) 안경을 기증하는 행위 등은 '위로'가 '나'의 행위로부터 출발한다. 반면에,

> 꺾이는 듯 꺾이지 않는 잡초의 탄력을
> 나는 오늘에 이르러 쪼그려 앉아 배우는 것이다
>
> —「잡초 허리 꺾기」 부분

> 분명한 것은 닭 한 마리가
> 먼 고향집을, 아파트에 옮겨 놓고 떠났다는 것이다
>
> —「수탉이 우는 밤」 부분

화자에게 '생명'의 끈질김을 가르치거나 닭장 같은 아

파트에 '고향집'을 옮겨 놓은 것 같은 '수탉'의 이야기는 '위로'가 '외물(外物)'로부터도 가능함을 보여준다. 하지만 진정한 '위로'란, 특히 '시'에 있어서 그것은 '감응(感應)'이나 정서적 '동화(同化)'에 의지하지 않고서는 불가능하다. 그러므로 '감각'을 넘어서는 깊은 '이해'의 경지를 필요로 한다. 김진기 시인은 이런 경지를 다음의 작품을 통해 보여준다.

호스피스병동 복도
산 자와 죽은 자의 거리만큼 떨어져 앉아
처남과 소곤소곤 이야기 나눈다
어린 조카딸이 병실에서 나와 말한다
"어머니가 다 들어요!"
섬뜩하다
병이 깊을 대로 깊어 감각마저 압류당한 채
끊어질 듯 명주실 같은 숨결을 붙들고 있을 텐데
이 소리가 들린단 말인가
산소호흡기, 링거액도 철거해가고
똑똑 떨어지던 방울 같은 희망도 사라졌는데
귀만 살아 있다니,
세상 살아오면서 차마 듣지 못할 말
귀 아프도록 듣고

더러는 귀에 담기조차 민망하여
더러워진 귀를 씻어내기도 하였는데
아직 들어야할 말이 남아 있다는 것인가
누구에게 가서 전할 말이 있어
마지막 말을 기다리는 것인가
저 소리의 뒷장은 암흑인지 몰라
내 발소리마저 그에겐 슬픔과 절망이 되는 것
문밖을 서성이다 조용히 돌아서 왔다

—「소리의 뒷장」 전문

이 슬프고도 놀랍도록 아름다운 작품은 '시'가 보여줄 수 있는(행동할 수 없으므로) '위로'의 모습을 짐짓 아닌 척 눈물겹게 '형상화'하고 있다. '섬뜩하다'는 화자의 '느낌'이 독자인 필자에게도 살아 전율을 일으킨다. '호스피스 병동 복도'에서 처남과 '소곤소곤' 나누는 이야기는 필경, '위로'의 전언일 것이다. 그러나 이런 '생'에서의 행위는 곧바로 끊어진다. 화자가 "산 자와 죽은 자의 거리만큼 떨어져 앉"았다고 믿은 거리는 '산소호흡기'마저 철거해버린 환자와 소곤대는 말소리가 다 들릴 만큼 가까운 거리에 불과하기 때문이다. 이 거리(距離)의 소멸, '삶'과 '죽음'이 우리 믿음만큼 멀리 떨어져 있지 않다는 것에 대한 인식이 김진기 시인의 '시적 위로'의 '터(場)'가 된다. 또한 그것이 '눈과 귀'를 밝게 한다. 시인은 밝아진 '눈귀'로 아이티의 어린아이들을 보기도 하며(「진흙쿠키」), 고향에 다시는 돌아갈 수 없는 여덟 살 곰(「말레이꼬마」)을 안타가워 하기도 한다. 그래서 이 안쓰러움을 '자산'으로 다시 시인의 시 세계를 기획한다.

4. 허기(虛飢)를 지우다 – 동행(同行)의 시학

이해와 오해는 삶과 죽음만큼이나 가깝다. 누구나 이 '사실'을 알고 있으면서, 종국에는 '이분적 사유'라는 이름으로 무시하거나 비난하고 만다. 그러나 명료한 의미, 즉 하나의 '관념'을 관철하기 위해 우리는 기꺼이 '짝'을 이루는 개념을 생각하고, 그 '표현'에 몰두하게 된다. '신과 악마'와 같은 것이다. 김진기 시인의 작품을 유심히 읽어보면 많은 곳에서, 제목에서나 제재에서나, 나아가 시적 태도에 있어서도 '짝'을 이루는 부분이 보인다. 문제는 이러한 구성이 시집, 『차우차우』에서 어떻게 기능할 수 있는가이다. 순차적으로 모아 보면 다음과 같다.

1) 은행과 은행잎/헌차와 신형 리모컨/고두밥, 진밥
2) 블랙데이/화이트데이
3) 담석과 겨루다/체외충격파쇄석기

4) 추모공원/저 세상에도 방세는 있다

세세한 설명을 생략하기로 하고(독자는 언급된 모든 작품을 읽어볼 수 있다), 이 이분법이 결코 각자의 '반대항'을 밀어내기 위해 의도적으로 제작된 것이 아님을 알 수 있다. 그렇다고 여기서 '불이(不二)'의 정신을 말할 수도 없다. 어쩌면 모든 것이 '연관'되어 있을지 모른다는 '생명의 사상'이다.

식당에서 뚝배기청국장을 시켰는데
어린 굴비가 따라나왔다

눈자위가 촉촉하다
채 눈물도 마르지 않았다

대가리와 껍질 속살까지
조각조각 찢어져 접시 위에 오른 어린 굴비가
나를 빤히 쳐다본다

내키지 않는 식욕과 연민 사이에서
젓가락이 가늘게 떤다

내 손은 자꾸 너를 비껴만 간다

—「어린 굴비」 전문

어쩌면, 누구나 "내 손은 자꾸 너를 비껴만 간다"에 집중할지 모르겠지만 필자는 2연이 화자와 대상의 상호 공감이 만나는 지점이라고 생각한다. 이것이야말로 옥타비오 파스가 말한 '시인'의 자기 확인의 순간, '어린 굴비'에서 '나'를 보는, '찢어진 몸뚱어리'가 '젓가락을 떨게' 하는 이유가 아닐까? 김진기 시인은 '힘'이 세다.

사자개 차우차우
긴 갈기를 바람에 빗질하며 서쪽 하늘을 바라본다
칠장사 참배객의 발길이 어스름을 따라 사라지고
스님의 독경 소리 어둠에 몸을 누이면
티베트에서 온 차우차우
몰래 경내를 빠져 나가 칠현산에 오른다
바라보면 멀리 눈 덮인 고향이 보인다
달라이라마가 포탈라 궁을 버리고 망명길에 오른 이후
그는 이곳으로 흘러왔다
호기심 어린 눈들이 발소리 지우면서 다가오면
사람의 속을 들여다보듯
괜찮다 괜찮다 가벼이 꼬리 흔든다

꿈속에서나 만나는 그리운 히말라야 캄파라패스를
이불처럼 두른 라싸 포탈라 궁
누가 구름 위에 백홍의 궁전을 지었나
돌아가는 마니차는 눈빛에 반짝이고 막 피어 올린 향내가
미로 같은 포탈라 경내를 적신다
얼어붙은 티베트 고원을 오체투지, 몇 달을 넘어온 장족이
다리를 질질 끌고 도착할 때마다
차우차우 맨발로 뛰어 나간다
고행을 먹고 사는 것인지
갈라터진 손바닥 무릎에서 흐르는 피, 내세의 제단에 올리면
신은 때때로 길을 비켜 준다
소문은 바람을 타고 먼저 왔는지
칠장사 차우차우가 도착하기 무섭게 라싸 차우차우들이 몰려나온다
부여잡고 얼굴 부비는 뭉클한 안부가 골목에 흥건하다

—「차우차우」 전문

상상은 환상을 빚지만 영원히 상상에 머물 수는 없다. '차우차우'는 '사자'인가, '개'인가? 우리는 존재의 근거를 묻지만 '시'는 그의 삶의 형태를 궁금해 한다. '차우차우'는 갈 수 없는 곳도, 가지 못할 이유도 없을 것이다. 그

러나 시인으로 자기를 정위한 존재는 그 구속도 받아들여야만 한다. 지금 시인의 '차우차우'에 대한 그리움이 오늘 시인들에게 향하길 바란다. 되돌아보면 시란 결국 부정(否定)의 상승적 부정(否定)이기 때문이기에.

문학의전당 시인선 139

차우차우

초판 1쇄 인쇄 2012년 11월 15일
초판 1쇄 발행 2012년 11월 22일
지은이 김진기
펴낸이 김석봉
디자인 조동욱
펴낸곳 문학의전당
출판등록 제311-2012-000043호
주소 서울시 은평구 연서로11길 7-5 401호
편집실 서울시 마포구 공덕2동 404 풍림VIP빌딩 413호
전화 02-852-1977
팩스 02-852-1978
블로그 http://blog.naver.com/mhjd2003
전자우편 sbpoem@hanmail.net

ISBN 978-89-98096-08-3 03810